Liebe erwachsene (Vor-)Leser*innen!

Lesen regt die Fantasie an und hilft beim Erfassen der Welt. Lesen erweitert den Horizont. Lesen verbindet. Lesenlernen ist deshalb eine spannende Erfahrung, vielleicht sogar eine der prägendsten im Leben. Essenziell für den erfolgreichen Erwerb von Lesekompetenz ist das Genre der Erstlesebücher. Die Lesezug-Reihe motiviert mit thematisch ansprechenden Geschichten, gut zu lesenden Textmengen und unterstützenden Illustrationen. Die Bücher der Lesestufe 2 bieten eine gut ausgewogene Mischung aus Wort- und Bildmaterial, sodass Kinder flüssig lesend vorankommen, ohne zu ermüden. Die Fibelschrift erleichtert das sinnerfassende Lesen und auch der konstant wachsende Wortschatz trägt dazu bei, dass das Lesen als Vergnügen erlebt wird. Die bunten Sticker steigern den Spaß am Lesen und fördern die Lesemotivation – und beides führt zu mehr Lesekompetenz!

Viel Freude beim miteinander Lesen wünschen
das Team des Österreichischen Buchklubs der Jugend
sowie das G&G Verlagsteam

www.buchklub.at

www.ggverlag.at

Sabi Kasper

Mimi Medusa – Ohne Magie klappt Schule nie

Mit Illustrationen von

Silke Lukas

G&G

„Für die wunderbaren Kinder in meiner Praxis!"

MIX
Papier aus verantwortungsvollen Quellen
FSC® C014138

www.ggverlag.at
www.lesezug.at

ISBN 978-3-7074-2633-5

In der aktuell gültigen Rechtschreibung

1. Auflage 2024

Text: Sabi Kasper
Illustrationen: Silke Lukas
Reihenlogo: Carola Holland

Druck und Bindung: Finidr, s.r.o.

Inhalt

Die große Pause

Mimi Medusa lässt sich vom Klettergerüst baumeln. Kopfüber, mit geschlossenen Augen. Die Schlangen auf ihrem Kopf schaukeln entspannt vor und zurück. So verbringt Mimi am liebsten die große Pause auf Burg Wundersam, der Schule für magische Geschöpfe.

Mimi spürt den warmen Wind im Gesicht und lauscht den Geräuschen um sich. „Platsch", „platsch" kommt es vom Nixenbrunnen. „Brrr" schnauben die Einhörner und traben vergnügt an ihr vorbei. Glockenhell klingt das Lachen der Feen und Elfen. Dazwischen faucht und grummelt es. Wahrscheinlich streiten die Drachen und Gnome wieder einmal darüber, wer bei „Himmel und Hölle" gemogelt hat.

„Miiimiii!", schallt es in ihr Ohr. Viel zu laut. Die Schlangen zucken zusammen.

„Spielst du mit Monsterball!? Biiitteee!"
Mimi blinzelt und ein riesengroßes
himmelblaues Auge strahlt sie an.
Ziggy Zyklop!
„Giselbert ist auch dabei!" Ziggy deutet zu
einem Gnom mit pfefferminzgrüner Weste.
„Na klar!", sagt Mimi. Denn Monsterball
ist das Zweitliebste, das sie in der
großen Pause macht.

Monsterball

Mit einer Rückwärtsrolle schwingt sie sich vom Klettergerüst und läuft Ziggy hinterher. Die Statue, das Burgtor, der Wachturm und der Nixenbrunnen bilden die vier Ecken des Spielfelds. In der Mitte wartet bereits die gegnerische Mannschaft: Vito Vampir und seine Freunde. Mimi schluckt. Gegen die haben sie noch nie gewonnen. Weil Vito immer schummelt!

„Bereit?", fragt Ziggy und Mimi nickt entschlossen. Die Schlangen züngeln aufgeregt. Diesmal werden sie es Vito zeigen!
„Wir spielen bis 7 Punkte." Ziggy gibt dem Gnom ein Zeichen. Blitzschnell rollt sich dieser zusammen. Aus Giselbert wird Giselball!

„Damit niemand mogeln kann", sagt Mimi und wirft Vito einen scharfen Blick zu, „noch mal die Spielregeln für ALLE: Die Mannschaften haben abwechselnd den Giselball. Wer ihn hat, läuft in eine Ecke des Spielfelds und schießt von dort in eine andere Ecke. Zu einem Mitspieler oder einer Mitspielerin. Wird der Giselball von der eigenen Mannschaft gefangen, gibt es Punkte. Einen Punkt für die kürzeste Strecke, zum Beispiel vom Burgtor zur Statue. Drei Punkte für die längste Strecke, zum Beispiel vom Burgtor zum Nixenbrunnen. Und zwei Punkte für die mittlere Strecke, zum Beispiel vom Burgtor zum Wachturm."

„Die gegnerische Mannschaft", ergänzt Ziggy, „versucht natürlich, den anderen den Giselball beim Abwurf oder Fangen wegzuschnappen. Aber ohne fiese Tricks!"
„Klar?", fragt Mimi und die Schlangen zischen Richtung Vito.

„Dann looos!"
Das Spiel beginnt. Ziggys Würfe sind heute spitze und Mimi fängt fast jeden Ball. Nach acht Runden steht es 6:6.
Wenn Mimi jetzt den Ball fängt, haben sie gewonnen. Ziggy schnappt sich Giselball und läuft zur Statue. Mimi rennt zum Burgtor. Beim Wachturm schwirrt Eli Elfe, die beste gegnerische Fängerin.

„Wo steckst du, Vito?", ruft sie.

Ja, wo?

Mimis Schlangen blicken sich verwirrt um. Keine Spur vom Vampir. Das ist die Gelegenheit! Dann kann ihr Vito Giselball nicht abjagen.

„Ziggy! Pass!" Mimi streckt die Hände in die Höhe. Ziggy schleudert Giselball in ihre Richtung. Wie aus dem Nichts taucht eine Fledermaus auf. Sie flattert vor Mimis Augen herum. „Geh weg!" Mimi fuchtelt wild mit den Armen. Die Schlangen fauchen gefährlich.

Doch auch sie können die Fledermaus nicht rechtzeitig verscheuchen! Giselball donnert neben Mimi zu Boden. Mitten in eine tiefe Pfütze.

„Haha, ausgetrickst!“, fiept die Fledermaus, bevor sie sich in Vito zurückverwandelt. Der Vampir reißt den triefenden Giselball an sich und schießt zu Eli. „Acht Punkte! Gewonnen!“, rufen die beiden.

Das Referat

Mit geballten Fäusten geht Mimi zurück in die Klasse im kleinen Rittersaal.
Die Schlangen zischeln giftig.
„Beim nächsten Mal klappt es", flüstert Ziggy. „Ganz bestimmt!"
Mimi linst zu Giselbert hinüber. Aber dieser würdigt sie keines Blickes. Obwohl sie sich dreimal entschuldigt hat, dass er nass geworden ist. Dabei kann SIE gar nichts dafür. Böse schauen die Schlangen zu Vito hinüber. Hätte der Vampir nicht wieder die Regeln gebrochen ...
„Mimi!"
Sie schreckt hoch.

„Dein Referat, bitte!" Fiep Fee, ihre Lehrerin, deutet ihr, nach vorne zu kommen.
Mimi kramt einen zerknitterten Zettel aus dem Bankfach hervor. Schnell streicht sie ihn glatt, bevor sie zur Tafel geht.
Die Schlangen starren auf die verwackelten Buchstaben am Papier. Mimi räuspert sich.

„Meine Ferien am Zauberberg", beginnt sie langsam zu lesen. „Wir haben in einer Hütte im Wald übernachtet. In einem richtigen Stockeldoppbett."
„Was?", prustet Vito heraus.
„Stockeldoppbett", wiederholt Mimi leise.
„Du meinst sicher Doppelstockbett", verbessert Fiep Fee und ermutigt sie freundlich, weiterzusprechen.
„Stockeldoppbett! Stockeldoppbett!", rufen Eli und Vito im Chor. „Sicher gab es dort auch Schlapperklangen statt Klapperschlangen!" Die beiden halten sich die Bäuche vor Lachen.
„Hör nicht auf sie, Mimi!", sagt Ziggy.

Doch Vitos Worte piksen wie Nadeln.
Auf ihrem Kopf kringeln sich die Schlangen wie zu einem Wollknäuel zusammen.
„Schluss jetzt!" Fiep Fee stemmt die Hände in die Hüften. „Lasst Mimi in Ruhe vortragen."
Aber Mimi bekommt keinen Ton mehr heraus.

Zahlenzaubern

In der nächsten Stunde ist „Zahlenzaubern". Darin ist Mimi richtig gut. Aber heute will ihr einfach kein Zahlenzauber einfallen. Neben ihr hebt Ziggy beschwörend die Hände. „Zweimal zwei macht vier", raunt er. „Kleines Krabbeltier!"
Tada! Schon läuft eine Ameise über sein Schulübungsheft.

Mimi kaut an ihrem Zauberstab. Vielleicht vier mal fünf? Aber auf zwanzig reimt sich nur ranzig. Die Schlangen schütteln angewidert ihre Köpfe.
„Brauchst du Hilfe?" Fiep Fee beugt sich zu ihr hinunter.
„Ich, ich ... weiß nicht", stottert Mimi.
„Manchmal", sagt Fiep Fee, „haben wir auch bei Sachen, die wir gut können, so etwas wie einen Knopf im Kopf. Probiere es mit etwas Leichtem, um den Knopf zu lösen."
Mimi atmet tief durch. „Einmal drei ist drei. Grießbrei komm herbei."
Sofort erscheint eine dampfende Schüssel

auf dem Tisch. Mimi legt ein Zeichenheft daneben und spricht weiter: „Dreimal zwei ist sechs. Rosa Tintenklecks."
Platsch! Doch anstatt im Zeichenheft zu landen, klatscht die rosa Tinte auf die Köpfe der Schlangen, die gerade gierig nach dem Grießbrei züngeln. Erschrocken fahren sie hoch. In alle Richtungen stehen sie starr von Mimis Kopf ab.
„Schaut mal!", brüllt Vito. „Die Schlangen sehen aus wie Zuckerstangen!"
Mimi stürmt aus dem Klassenzimmer.

Im Burggarten verkriecht sie sich unter einem Marillenbaum. Zerknirscht rollen sich die Schlangen ein. Dicke Tränen kullern über Mimis Wangen.

„Hier bist du!" Ziggy kriecht zu ihr.

„Fiep Fee wollte dir nachlaufen, aber ich habe gesagt, dass ich dich suchen gehe."

Mimi umklammert ihre Knie. „Ich kann nichts", schnieft sie. „Überhaupt nichts."

„Das stimmt nicht." Sanft streicht Ziggy über ihren Rücken. „Aber vielleicht brauchst du einfach ein bisschen Magie?"

Ziggy zieht eine silberne Kette mit einem ovalen Anhänger aus der Hosentasche.

Der Talisman

„Ein Talisman?", fragt Mimi und die Schlangen reißen die Augen auf.
„Wo hast du den her?"
„Von Fiep Fee", Ziggy blickt verlegen zu Boden, „weil mir das Lernen schwerfällt."
„Und?", fragt Mimi. „Hilft er?"
„Oh ja!" Ziggy grinst breit. „Seit ich ihn bei mir trage, klappt alles besser. Sogar Zahlenzaubern und Schutzsprüche gegen abscheuliche Flüche. Selbst mit dem Giselball gelingt mir jeder Schuss. Na ja, außer wenn Vito dazwischenfunkt ..."
Neugierig betrachten Mimi und die

Schlangen den Anhänger: „Talisman der tollkühnen Tilda" ist in verschnörkelten Buchstaben eingraviert.

„Tilda", erklärt Ziggy, „war eine Brunnen-nixe, die sich vorgenommen hatte, einmal die Weltmeere zu durchschwimmen. Sie übte und übte. Aber alle lachten sie bloß aus."

Mimi spürt einen riesigen Kloß im Hals. Auslachen ist echt fies!
„Tilda“, setzt Ziggy fort, „wollte schon aufgeben. Aber der Talisman machte ihr Mut, das Unmögliche zu schaffen. Sie durchschwamm schließlich die Weltmeere. Zweimal. Danach nannte man sie nur mehr die tollkühne Tilda.“
Ziggy legt die Kette in Mimis Hand. „Jetzt soll ihr Talisman dir helfen!“

Am nächsten Tag probiert Mimi Tildas Talisman gleich aus. Sie tastet nach dem Anhänger in ihrem Kleid und schwingt den Zauberstab.

„Vierzig und sechzig und eins und zwei
macht zusammen hundertdrei.
Ich zaubere ein tanzendes Osterei!"
Flugs steppt ein lila-grünes Osterei über die Tischplatte. Die Schlangen wippen vergnügt im Takt mit.
„Gut gemacht", lobt Fiep Fee.
Sogar Eli und Vito nicken anerkennend.
Und beim Referat, das sie zu Ende macht, schafft sie es dreimal „Doppelstockbett" zu sagen.

Falsches Spiel

„Dürfen wir Monsterball spielen?“, fragt Ziggy in der Turnstunde. „Biiitteee!“

„Na gut, aber nur, wenn alle fair spielen. Keine Verwandlungen!“ Fiep Fee wirft Vito einen mahnenden Blick zu.

„Miiimiii“, flüstert Ziggy, „mit Tildas Talisman werden wir Vito besiegen.“ Er zwinkert ihr zu und läuft zum Burgtor.

Mimi greift nach dem Talisman. Doch dieser ist verschwunden!

„Suchst du das?“ Vito lässt die Kette mit dem Anhänger vor Mimis Gesicht baumeln. „Ist dir in der Garderobe rausgerutscht.“ Grinsend hängt er sich den Talisman um.

„Gib ihn zurück!", zischt Mimi und die Schlangen züngeln angriffslustig. „Oder ich mach dich zur steinernen Vampirstatue!"

Da schrillt Fiep Fees Trillerpfeife. Giselbert rollt sich ein. Vito und die beiden Mannschaften flitzen los. Abwechselnd schießen sie Giselball kreuz und quer über das Spielfeld, um Punkte zu machen. Dabei versuchen die Gegner alles, um ihn zu erwischen. Erneut rauscht Giselball durch die Luft. Diesmal vom Wachturm zum Burgtor. Schon wieder zwei Punkte für Vito und seine Freunde.

„Miiimiii", ruft Ziggy. „Lauf!"

Doch Mimi steht wie angewurzelt bei der Statue. Wie verwelkte Tulpen hängen die Schlangen herunter. Ohne Talisman werden sie verlieren!

„Auszeit!", ruft Fiep Fee und geht zu Mimi. „Was ist denn los?"
Mimi erzählt von Tildas Talisman. „Jetzt hat ihn Vito. Und ohne Magie schaff ich das nie!"
„Hm", macht ihre Lehrerin. „Hast du die Rückseite des Anhängers angesehen?"
Mimi schüttelt den Kopf. „Dort steht", sagt Fiep Fee, „der Talisman erinnert dran, dass ich auch Schweres schaffen kann."
Die Schlangen neigen die Köpfe zur Seite.
„Die Magie kommt nicht vom Talisman", erklärt Fiep Fee, „sondern aus dir."
„Aber ... Tilda hat er doch geholfen."
Jetzt versteht Mimi gar nichts mehr.

„Tilda hat es aus eigener Kraft geschafft. Der Talisman war nur eine Erinnerungshilfe an ihren Mut und ihre Stärken."

Fiep Fee lächelt Mimi verschmitzt an. „Warum, glaubst du, trickst Vito dich immer aus? Weil er nur so gegen dich gewinnen kann. Denn du bist schneller als er!"

Das Finale

Selbstbewusst strafft Mimi die Schultern. Die Schlangen richten sich wie Kobras auf. „Weiter geht's!", ruft Fiep Fee. Eli bekommt Giselball und fliegt mit ihm zum Burgtor. Mimi stürmt zum Wachturm. „Zu mir!", ruft Vito, der bei der Statue wartet.

Eli wirft. Doch Ziggy springt hoch und fängt Giselball ab. Sofort passt er zu Mimi. „Zwei Punkte!", johlt sie.

Ihre Mannschaft holt auf. Trotzdem fehlt Vito und seinen Freunden am Ende nur mehr ein Punkt zum Sieg. Mimis Team braucht hingegen noch drei Punkte, um zu gewinnen.

Jetzt kriegt Mimis Mannschaft Giselball zum Abwurf. In der Mitte des Spielfelds stecken sie ihre Köpfe zusammen.
„Wir müssen einen Drei-Punkte-Wurf schaffen", flüstert Mimi.
„Das ist unmöglich!", wispert Ziggy. „Jedes Mal, wenn Giselball so lange in der Luft war, haben ihn die anderen abgefangen."

Mimi schaut zum Talisman um Vitos Hals. Was hätte die tollkühne Tilda gemacht? Sicher das, was sie am besten kann …

„Okay", raunt Mimi. „Ziggy, lauf zum Burgtor und schieß so fest du kannst zum Nixenbrunnen. Achte nicht darauf, was ich tue. Klar?"

„Verstanden!" Ziggy läuft zum Burgtor, gefolgt von Eli.

Mit ausgebreiteten Armen schwirrt die Elfe vor Ziggy herum. In der Zwischenzeit rennt Mimi zum Wachturm. Vito ist ihr dicht auf den Fersen. Nun tänzelt er vor Mimi hin und her. Alle anderen haben sich zwischen Burgtor und Wachturm aufgestellt. „An uns kommt Giselball nicht vorbei", prahlt Vito. Aber Mimi lächelt verschmitzt. Der Weg zum Nixenbrunnen ist frei!

„Ziggy! Jetzt!!", ruft sie und sprintet los. Die Gegner reißen die Arme in die Höhe. Ziggy duckt sich unter Eli hindurch. Mit Karacho pfeffert er Giselball Richtung Nixenbrunnen. „Nein!", brüllt der Vampir und hetzt Mimi hinterher. Die Schlangen behalten unterdessen Giselball im Auge. Wie eine Kanonenkugel rauscht er durch die Luft. Gleich wird er vorm Nixenbrunnen aufschlagen. Mit letzter Kraft hechtet Mimi nach vorne. Ihre Fingerspitzen kriegen gerade noch die Weste des Gnoms zu fassen. Schnell zieht Mimi Giselball an sich. „Gewonnen!", jubelt sie, während der Schlusspfiff ertönt.

„Miiimiii, du hast es geschafft!", johlt Ziggy. „WIR haben es geschafft!", sagt sie und klatscht mit Ziggy ab. Und die Schlangen? Die machen begeistert eine Welle.

Alle Lesezug-Bücher finden Sie unter

www.lesezug.at

ISBN 978-3-7074-2629-8
2. Klasse – Lesestufe 2

ISBN 978-3-7074-2559-8
2. Klasse – Lesestufe 2

ISBN 978-3-7074-2034-0
2. Klasse – Lesestufe 2

ISBN 978-3-7074-2518-5
2. Klasse – Lesestufe 2